A Crabtree Roots Book
Yon Liv Crabtree Rasin

DOCTOR
DOKTÈ

People I Meet
Moun Mwen Rankontre Yo

OUGLAS BENDER
EAN-PIERRE GASTON

Crabtree Publishing
crabtreebooks.com

School-to-Home Support for Caregivers and Teachers

This book helps children grow by letting them practice reading. Here are a few guiding questions to help the reader with building his or her comprehension skills. Possible answers appear here in red.

Before Reading:

- What do I think this book is about?
  - *This book is about doctors.*
  - *This book is about what a doctor does at work.*
- What do I want to learn about this topic?
  - *I want to learn where a doctor works.*
  - *I want to learn what a doctor does.*

During Reading:

- I wonder why...
  - *I wonder why some people become doctors.*
  - *I wonder why some doctors work outside of hospitals.*
- What have I learned so far?
  - *I have learned that doctors help when people feel sick.*
  - *I have learned that some doctors work in hospitals.*

After Reading:

- What details did I learn about this topic?
  - *I have learned that doctors can work in many different places.*
  - *I have learned that doctors help people who are sick or hurt.*
- Read the book again and look for the vocabulary words.
  - *I see the word **sick** on page 4 and the word **hospital** on page 8. The other vocabulary words are found on page 14.*

Sipò Lekòl A Kay Pou Moun Kap Bay Swen Ak Pwofesè Yo

Liv sa ede timoun yo grandi lespri yo nan kite yo pratike lekti. Men kèk kesyon kap ede lektè yo bati konpreyansyon konpetans yo. Epons posib yo parèt an wouj.

Anvan Lekti:

- De kisa mwen panse liv sa ap pale?
  - *Liv sa se sou doktè.*
  - *Liv sa se sou sa doktè fè nan travay la.*
- Kisa mwen vle aprann sou sijè sa?
  - *Mwen vle aprann kote yon doktè travay.*
  - *Mwen vle aprann kisa yon doktè fè.*

Pandan Lekti:

- Mwen mande poukisa...
  - *Mwen mande poukisa gen moun ki vin doktè.*
  - *Mwen mande poukisa gen doktè ki travay andeyò lopital yo.*
- Kisa mwen te aprann jiskaprezan?
  - *Mwen te aprann ke doktè ede moun lè yo santi yo malad.*
  - *Mwen te aprann ke gen doktè ki travay nan lopital.*

Aprè Lekti:

- Ki detay mwen te aprann sou sijè sa?
  - *Mwen te aprann ke doktè ka travay nan anpil kote diferan.*
  - *Mwen te aprann ke doktè ede moun ki malad oswa moun ki blese.*
- Li liv la ankò epi chèche mo vokabilè yo.
  - *Mwen wè mo **malad** nan paj 4 ak mo **lopital** nan paj 9. Lòt mo vokabilè yo wap jwenn nan paj 14.*

This is a **doctor**.

Sa se yon **doktè**.

A doctor helps people when they are **sick**.

Yon doktè ede moun lè yo **malad**.

This doctor gives a **shot**.

Doktè sa ap bay yon **piki**.

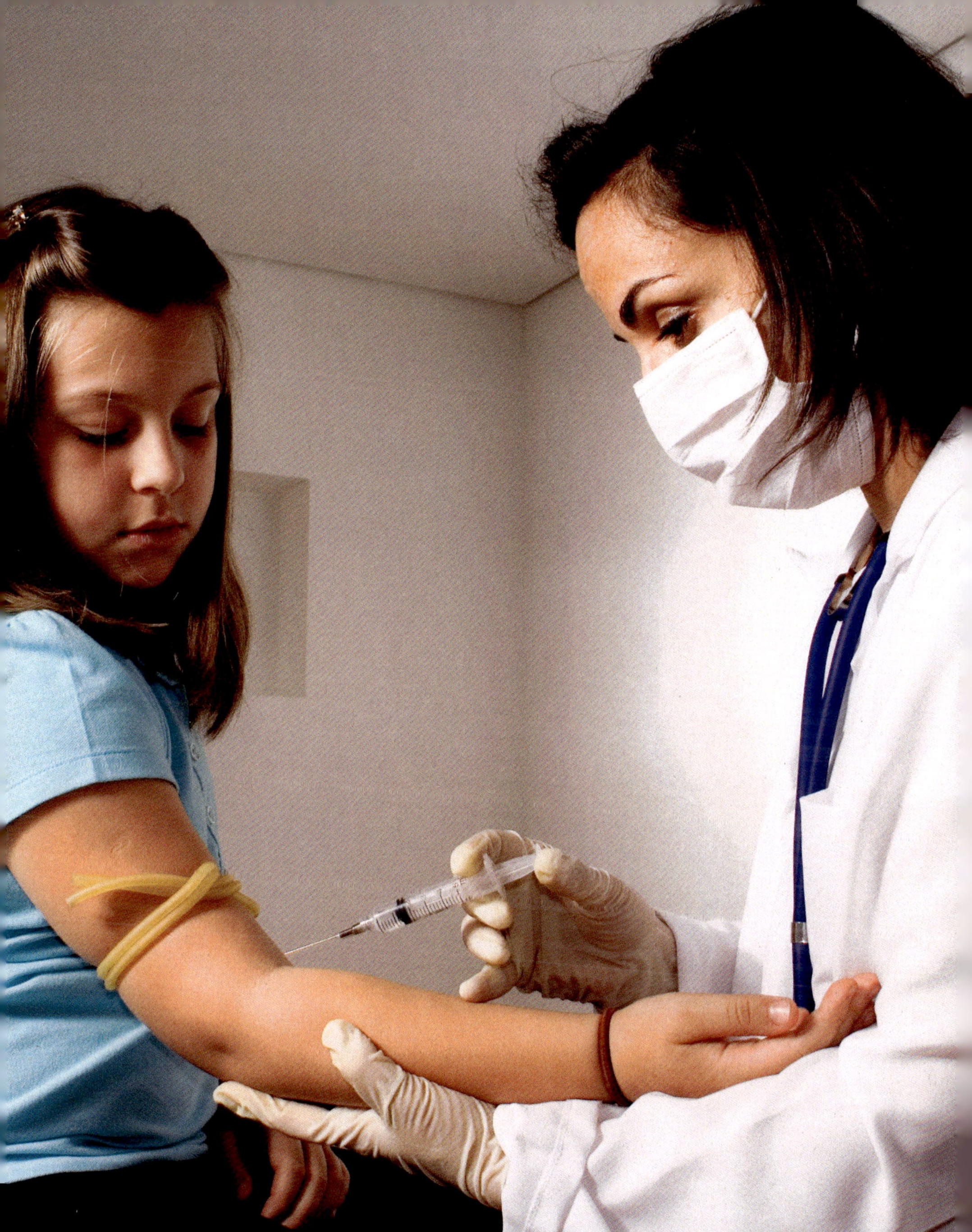

This doctor is
in a **hospital**.

Doktè sa nan yon **lopital**.

All doctors can give people **medicine**.

Tout doktè ka bay moun **medikaman**.

Do you know
a doctor?

Eske ou konnen
yon doktè?

Word List

Sight Words

a is you
do some
has this

Lis Pawòl

Mo timoun rekonèt lè yo fèk kòmanse li

moun sa yon
nan se
ou yo

Words to Know

doctor

hospital

medicine

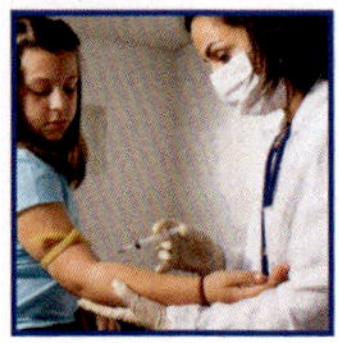
shot

sick

Mo pouw Konnen

doktè

lopital

malad

medikaman

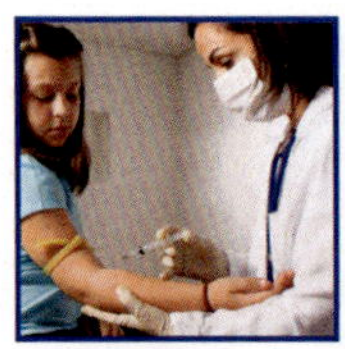
piki

34 Words

This is a **doctor**.

A doctor helps people when they are **sick**.

This doctor gives a **shot**.

This doctor is in a **hospital**.

All doctors can give people **medicine**.

Do you know a doctor?

33 mo

Sa se yon **doktè**.

Yon doktè ede moun lè yo **malad**.

Doktè sa ap bay yon **piki**.

Doktè sa nan yon **lopital**.

Tout doktè ka bay moun **medikaman**.

Eske ou konnen yon doktè?

People I Meet

Moun Mwen Rankontre Yo

DOCTOR
DOKTÈ

Written by/Ekri pa: Douglas Bender
Designed by/Ki fèt pa: Rhea Wallace
Series development/Devlopman seri a pa: James Earley
Proofreader/Korektè: Janine Deschenes
Educational consultant/Konsiltan edikasyon: Marie Lemke M.Ed.
Translated by/Tradui pa: Jean-Pierre Gaston

Photographs/foto:
Shutterstock: Monkey Business Images: cover, p. 1, 3, 14; Syda Productions: p. 5, 14; Orange Line Media: p. 7, 14; Gorodenkoff: p. 8-9, 14; wavebreakmedia: p. 11, 14; Lightfieldstudio: p. 13

Crabtree Publishing

crabtreebooks.com 800-387-7650

Published in Canada
Pibliye nan Kanada
Crabtree Publishing
616 Welland Ave.
St. Catharines, Ontario
L2M 5V6

Published in the United State
Pibliye Ozetazini
Crabtree Publishing
347 Fifth Avenue,
Suite 1402-145
New York, NY, 10016

Paperback 978-1-0398-5069-9
Ebook (pdf) 978-1-0398-5111-5
Epub 978-1-0398-5153-5

Printed in Canada/122023/CP20231124

Library and Archives Canada Cataloguing in Publication
Available at the Library and Archives Canada

Library of Congress Cataloging-in-Publication Data
Available at the Library of Congress